AF339450

DES RÉSULTATS
DE LA LOI

SUR

LA RÉVISION DES LISTES.

> Là doit s'arrêter le royalisme ; là doivent se relâcher ou même se rompre, les liens obligés qu'il a dû former avec le libéralisme, afin de se défendre en commun contre les atteintes de ce lâche arbitraire, ennemi juré des opinions les plus opposées, pour peu qu'elles tirent leur source de l'un ou l'autre de ces principes, de ces sentimens gravés au cœur de l'homme, la foi en l'autorité et l'amour pour la liberté. (*Des Concessions au sujet de la Censure facultative*, mars 1828.)

PARIS,

A. PIHAN DELAFOREST,

IMPRIMEUR DE MONSIEUR LE DAUPHIN ET DE LA COUR DE CASSATION,
Rue des Noyers, No 37.
1828.

Dès Concessions, etc.

Sur la Censure Facultative, etc.

De la Concurrence effective des Journaux.

Sur la Révision des Listes, etc.

Du Projet amendé sur la Révision des Listes.

Du Rejet de la Loi amendée, etc.

Encore du Rejet de la Loi amendée, etc.

De l'Effet moral de la Loi sur la Révision des Listes.

« Qu'on observe les faits avec attention, tels qu'ils se sont passés depuis treize ans, avec notre système électoral, où le vent qui domine, au moment de la convocation des collèges, emporte presque inévitablement du même côté, la grande majorité des esprits. » (*Rapport sur la Réélection des Députés.*)

Dans ces paroles extraites du rapport le plus lumineux, on lit à la fois l'anathême du mode de la septennalité et le fatal pronostic de la loi nouvelle.

Ainsi qu'il a été trop prouvé en 1824 et 1827, chaque élection générale, expédiant une majorité en sens inverse, doit violemment jeter le vaisseau de l'Etat, de tribord à bas-bord, au grand risque de le faire sombrer, doit susciter alternativement dans les conseils de la France, les principes révolutionnaires et contre-révolutionnaires.

Tellement, qu'éclairé par l'expérience et frappé d'un noir pressentiment, le parti investi du pouvoir, est inévitablement astreint à fausser, au moyen de l'arbitraire ou de la loi, l'action électorale, afin de soutenir et consolider son existence politique.

L'ancien ministre avait essayé la première voie ; la Chambre actuelle prétend ouvrir la seconde.

Après avoir éliminé les deux tiers de sa devancière, elle tremble d'être éliminée aux deux tiers par sa survivancière ; et tente, comme à l'époque de la septennalité, de prolonger son identité, non sans comprimer la liberté virtuelle, sans enchaîner la volonté contingente des collèges.

Il faudra que le code des élections qui devait être immuable, soit moulé sous les formes d'une Chambre variable ; il faudra, de peur que le vent qui domine, ne tourne en sens contraire, que la loi vienne fixer et river à demeure, la girouette électorale.

Or, est-ce de ce rhumb de vent que doit émaner une ère de saisons propices pour la patrie, pour la monarchie, pour la pairie même ?

Et voit-on que la septennalité de la Chambre élective, votée par déférence, ait porté à la Chambre haute, des faveurs signalées ?

Croit-on que la simpiternalité de l'esprit électoral, également votée par condescendance, lui porterait des garanties insignes ?

Sur ces points délicats, la Chambre des Pairs avisera.

(5)

« La Chambre des Députés qu'on ne pourrait plus dissoudre, exercerait le pouvoir de dissoudre la monarchie.

« La Chambre des Pairs ne serait pas respectée par ceux qui ont pour dogme, la souveraineté du peuple. »

En 1820, bien que l'état des choses fût moins critique, le rapporteur de la Chambre haute invoquait, en ces termes, toute la sollicitude des pairs, au sujet d'une loi électorale, cette fois rédigée au profit du royalisme; et après que le rapporteur de l'autre Chambre, venait d'exposer les considérations relatives à la monarchie même, il n'hésitait point à présenter des observations attenant à la pairie seulement.

C'est que les privilèges de la pairie étant érigés au titre de garanties pour l'Etat, il est de son devoir d'apporter autant de zèle et de scrupule, pour le maintien des uns, que des autres.

C'est que la pairie est dans la monarchie, à peu près comme la royauté est dans la patrie, si bien que ces deux pouvoirs sont également tenus, à défendre leur existence.

Or, la pairie, la royauté même, ne peuvent être mises en péril, que par le résultat des élections, lequel dépend, en grande partie, du mode des élections.

Et par conséquent, la Chambre haute, n'est

jamais plus liée par la conscience, n'est jamais plus douée de puissance, qu'à l'égard des lois électorales.

Par conséquent, il n'est aucun sujet, sur lequel elle doive se conduire avec plus d'indépendance, se prêter à moins de complaisance.

En cette matière, on peut dire justement, que la Chambre des Pairs remplit l'office du jury, prononçant en son ame et conscience, après l'examen des témoignages, sur le réquisitoire du ministère public.

Au reste, comme les esprits sont sujets à être emportés par le vent qui domine, aussi bien dans la Chambre que dans les collèges, il se trouve que la déférence la plus obséquieuse serait incertaine, en satisfaisant aux vœux de la veille, de complaire à la volonté du jour.

Parce qu'il y a eu des fraudes, parce qu'il y a des plaintes, la loi électorale est combinée, est rédigée, est proposée, est discutée, est adoptée, non pas sans peine et sans travail.

Mais le temps s'écoule, et l'aiguille pétulante de l'imagination, fait au moins le tour du cadran, dans l'espace de deux mois.

Aussi, des griefs nouveaux s'élèvent ; de fraîches rumeurs s'agitent : il n'est plus question que des jésuites , des journaux. C'en est fait de nous , si le sol de la liberté n'est radicalement purgé d'une centaine de robes noires , si la souveraineté du peuple n'est exploitée au profit d'une demi-douzaine de feuilles périodiques.

En sorte que si le 12 mai , jour du scrutin , était advenu , par mégarde des destins , au lieu et place du 25 mars , jour de la lecture , le projet de loi n'eût rencontré qu'un accueil glacial.

Puis , sans qu'il y paraisse au-dehors , pendant l'intervalle , apparemment pour se sauver de l'ennui , les esprits travaillaient.

Ici , on arrivait à se persuader que la Chambre était installée pour sept éternelles années , qu'il n'y avait donc pas d'urgence , à passer une loi d'élections ; et qu'en tout cas , le défunt ministre , s'il devait jamais ressusciter , ne se ferait pas prier , pour confisquer et escamoter la susdite loi , en son entier , au moyen de l'innocent titre IV.

Là , on en venait à s'apercevoir , après coup , qu'au caprice du premier venu , au hasard de l'assis et levé , une grêle d'*errata* avait recouvert la lettre et bouleversé l'esprit de la loi ; de façon que , par le fait , la discussion générale s'était évertuée sur un texte apocryphe , et qu'en laissant tomber , dans l'urne fatale , la boule prédestinée ce semble , nul ne savait trop à quelle fin.

Les têtes commencent à se dégager des vieilles fumées : peu à peu, toutes ces chimères, dont l'intelligence était offusquée, s'évanouiront, ainsi que se sont évanouis le gouvernement occulte de M. Madier, et l'armée à cocardes vertes de M. Lanjuinais.

L'état de vertige tient à des causes connues.

Il faudrait invoquer le génie de Milton, pour rendre la conduite de cet être, dont l'ambition déchue se promet quelque douceur, dans la ruine du pays, dont la vanité blessée, se targue, pour en imposer, d'une impudence sans pareille ; de cet être qui prescrit, à ses agens fieffés, de se cramponner à leurs places, tous prêts à reprendre l'œuvre funeste, et à sa feuille affidée, de proclamer des espérances subversives, d'entonner le chant de victoire.

De là, quel effroi chez les gens simples ! quelle colère parmi les gens ardens ! quel charme pour les perfides gens !

Sur ce fond de haine qui se confond presque avec le sol, dans cette atmosphère de sottise, où tout est trouble et confus, on a beau jeu à monter des scènes de fantasmagorie, à pousser sur le théâtre, groupés autour du squelette usé du ministre, le spectre suranné du jésuitisme, et le vampire imberbe de la congrégation.

Ainsi fait le parti révolutionnaire, remuant

les fils du fond des coulisses , si bien que le parterre et les loges , de concert, se mettent en émoi.

Mais , attendez : grace à Dieu , tout a fin ; un terme est marqué , même à la perfidie.

Voilà donc que l'avenir est gros de périls. Cependant, l'avenir accourt à pas pressés; et les périls demeurent en arrière, n'apparaissent pas : malgré soi , il faut rentrer en repos.

Donnez six mois seulement ; et celui qui troubla tous les esprits, ne marque plus dans la mémoire. Soit que son ombre plane sur un faubourg de Paris , ou gagne les bords de la Garonne, ou retourne au pôle antarctique , désormais c'est une ombre vaine.

Donnez six mois; et sous les faux titres de jésuitisme , de congrégation , en regardant de sang-froid , que verra t-on ?

Ici , et en face , sans se montrer et sans se dissimuler , quelques prêtres solitaires, quelques catholiques fervens , qu'au fond , nul, si ce n'est un démon , ne manque à respecter.

Là, et sur les derrières, tantôt s'affichant et tantôt se cachant , des intrigans , des fanfarons , des hypocrites, qu'en revanche , quiconque , s'il a de l'honneur , ne sait que mépriser.

Dans cette ère nouvelle , supposez que les

Chambres aient à subir la lecture de la loi sur la révision des listes.

Encore, celle des Pairs est fondée à la rigueur, à rejeter le tort sur celle des Députés, soutenant qu'en ce point, elle devait se rapporter à sa foi, et sanctionner son œuvre.

Mais, dans la Chambre élective, les regrets, les craintes viennent tourmenter.

Car cette Chambre n'est plus la même. Devant le rayon de lumière, apporté sur les ailes du temps, les ténèbres, les fantômes ont disparu ; et les opinions y voyant clair enfin, cessant enfin d'être dupes, se sont rapprochées, raccordées, suivant l'ordre naturel.

Il existe, sans doute, sur le roc de l'extrême droite, soit un frêle parti d'absolutistes, soit une poignée des bandes ministérielles, formant comme une sorte de protubérance inorganique.

Du reste, aux deux bords du centre droit, se montre la plus forte portion du centre gauche et de l'extrême droite ; composant en leurs rangs maintenant ralliés, la phalange monarchique.

Enfin, les bancs de l'extrême gauche, contiennent à peu près la même quantité de votans, sauf un petit nombre de recrues, provenant du centre gauche.

En chiffres, la statistique de la Chambre, présente, à droite, cinquante membres, à gauche une centaine , au milieu, environ trois cents.

Et, dans cette immense majorité , dont les deux tiers, pendant la crise, ont laissé tomber des boules blanches, il n'y a pas un seul individu, au retour du calme, qui ne rejetât s'il était temps encore, qui ne repousse au moins de tous ses vœux, la loi électorale.

Demandez-vous pourquoi? La réponse sera péremptoire. C'est que parmi les deux centres, à la première convocation des collèges, personne ne serait réélu.

Voilà une des chances, dont il fallait parler d'abord, à laquelle il faut croire, autant que les désirs sont en droit de se flatter.

Et voici l'autre, qui contraste avec elle de la manière la plus frappante, la plus choquante; si bien qu'il n'est possible d'y croire, qu'après que l'évènement aura trahi les plus légitimes espoirs.

Par cela même que la majorité formée des deux centres et de l'extrême droite, maudirait la loi électorale, qui interdit, qui proscrit chacun de ses membres; il se pourrait aussi, que la loi empêchât la formation de cette majorité, attendu que chacun de ses membres craindrait d'être interdit, d'être proscrit.

L'un ou l'autre cas est à présumer, suivant qu'on porte pleine foi, ou demi-foi, ou point de foi, en l'intégrité, en la loyauté, en la moralité des hommes du dix-neuvième siècle.

Admettons la seconde chance, suivant laquelle, la Chambre reste comme elle est, l'extrême gauche attirant le centre gauche, entraînant le centre droit, c'est-à-dire, 250 membres contre 100, ainsi qu'au scrutin de la loi.

Or, comme le temps travaillant sans relâche, de même que sans règle, quand il n'amène pas le bien, aggrave le mal ; si les boules comptent en même nombre, les votes s'échauffent de degré en degré.

Entre l'extrême gauche et les deux centres, il y avait union, il y a fusion ; les adhérences encore flottantes sont devenues intimes, ont fait corps avec la masse.

Et tandis qu'à la tête, les ambitions rivales aspirent à se supplanter, à se devancer ; sur les ailes, c'est la honte qui s'étourdit, c'est la haine qui se venge, c'est l'égoïsme, qui tremblant d'être en baisse dans l'opinion populaire, tantôt se soumet à son joug, tantôt l'anime et l'exalte en son cours.

Quoiqu'il en coûte au repos et à l'honneur, quoiqu'on risque en repentir, en remords, il faut être réélu ; sauf après le triomphe, à reprendre les droites voies, à sauver l'État, si toutefois l'État existe encore.

Assez d'exemples n'en ont-ils pas été donnés?

Mais que fera la pairie? ou plutôt que sera-t-il fait de la pairie?

Les titres, les formes, les règles, tout cela n'est rien devant la force du fait. La Charte a beau dire : la Chambre des Députés des départemens (ainsi qu'elle y est désignée), encore timide et quelque peu pudique, doit laisser tomber le masque sur lequel est gravé ce nom, aussitôt qu'il y aura lieu.

Car les thèses professées à la tribune, ressemblent fort aux thêmes travaillés dans les classes ; véritables amplifications, auxquelles le grand prix est décerné, pour peu qu'il s'y rencontre du nombre et du trait.

La vérité gît en un seul mot.

Toutes les fois que dans la généralité de la nation, soit au sein du peuple, soit entre des classes d'élite, il y a convocation de citoyens, nomination de mandataires, délégation de pouvoirs, c'est au moins une image de la représentation nationale, c'est presque un corollaire de la souveraineté du peuple.

Le germe a reçu le souffle de vie : au premier rayon de chaleur, il brisera ses enveloppes, il apparaîtra à la lumière. On verra cette Chambre émanée des collèges, excitée par les collèges , appuyée sur les collèges, s'ériger en une Assemblée nationale, en une Convention renouvelée.

Alors se réalisera la prophétie du rapporteur de la Chambre des Députés en 1820.

« La Chambre, que l'on ne pourrait plus dissoudre, exercerait elle-même le pouvoir de dissoudre la monarchie. »

Et loin de craindre d'être dissoute, elle y aspirerait constamment; elle le provoquerait vivement, trop certaine de revenir encore plus homogène, sous les auspices de la loi électorale.

Ainsi la royauté, la pairie se seront placées, de leur propre volonté, entre le marteau et l'enclume, et n'auront plus qu'à supporter avec résignation les coups de la Chambre, de peur de recevoir le contre-coup encore plus violent des élections.

Après une période de quarante ans, la comète excentrique de 1789, reparaissant sur l'horizon, est vouée à parcourir des phases trop analogues, à suivre servilement le cours de sa première révolution.

Seulement les formes seront mieux gardées : on ne rasera pas le trône; on attaquera la pairie à la sape plutôt qu'à l'assaut.

Pourquoi la planche de malheur fut-elle jetée ?

L'ancien ministre, soi-disant royaliste, a jugé sage et juste d'introduire un tiers d'alliage dans la Chambre réfractaire : un ministre nouveau, s'avouant libéral ou même radical, jugera encore plus sage et plus juste d'en neutraliser l'influence, au moyen d'un mélange contraire.

C'était au printemps de 1827 qu'il fallait se montrer, se prémunir contre les périls de l'automne : ce serait en ce moment même qu'il faudrait résister, repousser les présages de l'année prochaine.

A l'une comme à l'autre époque, si le conseil est méprisé, si l'expérience est méconnue, on aura subi une rude épreuve ; on subira une torture encore plus cruelle.

Ne parlons plus de la pairie : ses destinées naissantes requéraient, pour se consolider, d'être cimentées par la force, par la constance. La peur perd.

Mais grace au Ciel, la royauté n'est pas née d'hier : pour rentrer en sa puissance, il ne lui manque que de reprendre une volonté ; après s'être laissé enlever un de ses boulevarts, il lui faudra bien défendre le cœur de la place.

Aussi fera-t-elle enfin.

Et soit au-dehors, tant que le feu n'aura pas été

mis aux quatre coins de l'Europe; soit au-dedans, sauf qu'il ne reste plus en France une goutte de noble sang, un grain de bon sens, ses ressources sont immenses.

Lisez plutôt ces paroles éclatantes de vérité.

« Au jour où le droit commun serait impuissant, la royauté serait toujours assez forte, *en vertu du droit inhérent à sa nature*, pour sauver l'État et les lois elles-mêmes.» (*Exposé des Motifs de la loi sur la presse.*)

Suivant la loi éternelle de réaction, l'absolutisme sera appelé par le radicalisme; et l'absolutisme siègera, tant que l'abus, ennemi mortel de l'usage, n'aura pas rappelé le radicalisme.

Mais quelles secousses, quelles crises, quelles transes pour l'innocente France !

Il en est des peuples comme des hommes, dont les plus sains, les plus froids, ne sont point à l'abri d'éprouver des accès de fièvre, des crises de délire : avec cette différence que chez ceux - ci, les causes en restent inconnues, tandis qu'elles se montrent à découvert parmi ceux-là ; et non sans cette ressemblance, que l'art ne parvient souvent qu'à aggraver, à prolonger l'état maladif, tandis que le cours libre de la nature, ramène plus tôt la convalescence.

Ainsi, bien que des deux bords on prétende le nier, les perturbations successives de l'opinion en France, n'ont existé qu'après avoir été provoquées, n'ont présenté que des scènes d'engouement et de fougue, venant à la suite d'excitations réitérées, et faisant place à l'insouciance, à l'apathie.

Sans remonter plus haut, on a vu, au moment même de la plus vive irritation, sous le joug de la censure, les esprits tourner au repos, tomber presque en léthargie, si bien qu'en reculant la session, au lieu de convoquer les collèges, un ministre, doué de quelque sens , aurait pu fonder peu à peu le despotisme.

On a vu , malgré l'impatience des désirs et les mécomptes de l'espérance , que le renvoi du ministre le plus odieux , comme il était subit et imprévu , comme aucun mouvement n'était préparé d'avance , n'a fait que donner matière à la conversation.

La France est calme , est même morne : par la raison que l'imagination s'est amortie sous le coup de tant de vicissitudes, toutes pénibles , aucunes profitables ; et que l'intelligence est généralement confinée dans un cercle étroit, au-delà duquel tout semble vague et confus.

En fait de politique et même de religion , par malheur sans doute , il y a indifférence presque absolue ; au sentiment populaire , ce sont , pour ainsi dire , des sphères étrangères , lointaines.

Or, en l'absence des vœux, dans l'oubli des droits , les concessions ne sont point faites à la France ; car la réponse ne vient pas avant la demande.

Les concessions sont requises, sont saisies par une section, par une faction qui , s'exprimant induement en son nom , fait prévaloir un intérêt partiel , dissident, hostile , contre l'intérêt général.

Par suite de quoi, la royauté perd d'une part ;

et de l'autre, la nation perd à double titre, en
ce que la royauté tutélaire garde moins de force
pour la protéger, en ce que la faction usurpatrice
acquiert plus de moyens pour l'opprimer.

« La liberté politique n'est précieuse qu'autant
qu'elle amène la liberté civile, qu'elle affermit
l'ordre légal, qu'elle assure le maintien des mœurs
et les progrès de l'aisance. »

C'est à peu près en ces termes, que le caractère
le plus éminent de nos temps, osait rendre la pure
vérité, au sein du comité de rédaction de la Charte;
ainsi qu'il a été révélé, non sans un mouvement de colère, par un de ses collègues, trop
épris de la liberté spartiate.

Eh bien, il semblerait que le sens commun,
sorte d'instinct judicieux, de jugement instinctif,
parle dans le même sens, à la généralité des Fran-
çais.

Il n'y a plus d'espérances, après qu'elles ont été
si souvent déçues par les tardives leçons de l'expérience : il n'y a point de vœux, quand ils ne sont
pas suscités par le sentiment des besoins.

Or, les besoins n'existent qu'en conséquence,
en dépendance des facultés; les besoins sont com-
mandés pour leur exercice, sont limités à leur
usage.

Dans l'organisation de l'homme, la liberté proprement dite, répond à la faculté locomotrice, trait essentiel et capital de sa nature, constituant ainsi un besoin universel, permanent.

La même loi suit l'espèce humaine dans le cours progressif de ses développemens; la même liaison continue, entre l'extension des facultés et des besoins; de sorte que l'erreur serait équivalente, ou d'établir un système d'institutions libres en Turquie, ou de faire subir à l'Angleterre la domination des pachas.

Entre ces deux peuples, la France se présente, sans doute plus voisine de l'Angleterre, mais extrêmement variée dans ses diverses zones, et trop avancée en quelques grandes villes, fort arriérée au fond des provinces.

Qu'on mette à part certains lieux, ou plutôt certaines classes en certains lieux : et qu'on observe, dans le reste du royaume, comment ici la liberté politique est à peine connue de nom, et répugne au lieu d'attirer; comment ailleurs elle est entendue à contre-sens, et ne porte que l'idée de la licence, de la jalousie, de l'intolérance.

Donner la liberté aux uns, c'est leur imposer un joug, ce qui implique contradiction : laisser les autres ravir la liberté, c'est les inviter aux excès, ce qui mène à sa destruction.

En un mot, sous les deux atmosphères de la morne misère et de la crasse ignorance, entre lesquelles est réparti , sauf peu d'exceptions , le sol de la France , la liberté ne peut germer ou ne peut pointer droit, qu'à l'abri de l'autorité.

Il résulte de ces considérations que la liberté doit être mesurée en raison de la capacité commune, afin que les uns n'envahissent pas la part rebutée par les autres , ne parviennent pas à s'organiser en faction oppressive ;

Que la liberté doit être également répandue , si l'on peut parler ainsi, sur tous les points du pays, et justement dispensée entre tous les membres de la cité; doit être fondée sur des notions générales, et réglée selon des lois constantes, se gardant bien de plier devant les occurrences passagères , de sanctionner les effets du hasard ou de l'intrigue.

Il faut voir si ces principes ont été respectés dans la loi sur la révision des listes.

Au premier coup-d'œil, on est forcé de reconnaître qu'elle procède sous deux points de vue, en une manière fautive, de même que la loi sur la presse périodique.

Car ces lois rédigées suivant la méthode d'abstraction , en offrant à la volonté de tous, soit la liberté de publication des journaux, soit l'action en réclamation des tiers, ont omis d'examiner si ces deux facultés ne seront pas généralement répudiées, et d'observer que des droits exercés par un seul parti, tendent à soumettre l'autre à sa loi.

Car ces lois conçues sous l'influence de l'occasion, ne songeant qu'à combattre l'ennemi défunt, et prêtant des armes à l'ennemi naissant, ont abrogé le droit de censure facultative, ont institué la permanence des listes : sans que nul puisse être certain qu'en telle circonstance future, la censure ne sera pas indispensable au salut de l'État, et la permanence prédestinée pour sa perte.

Quand le fait est consommé et consolidé, sans qu'il y ait lieu d'examiner s'il est fâcheux ou favorable dans ses résultats, ni même s'il fut innocent ou coupable en son origine; c'est pure vanité, c'est simple sottise, choses presque identiques, que de se refuser à l'admettre ou de s'efforcer à le combattre.

Ainsi qu'il s'est vu à l'ouverture de la révolution, et qu'il se voit depuis l'époque de la restauration, un parti caduc, en suivant ce système malencontreux, n'a réussi qu'à épuiser vainement ses forces, qu'à exciter les défiances, à aggraver la violence du parti viril.

Et il faut l'avouer, tandis que sous la puissance du fait matériel installé de la main d'un soldat, les têtes se sont prosternées et courbées jusqu'aux bassesses; devant la puissance du fait moral, inau-

guré par le doigt des destinées, certaines per-
sonnes gardent encore la méthode la plus irréflé-
chie de récalcitrance.

Apparemment, parce que l'impression trans-
mise par les sens, étant simple et nette, exerce un
empire souverain sur la volonté ; au lieu que les
réflexions émanées d'un travail intellectuel, long-
temps débattues et douteuses pour l'esprit, portent
rarement un motif suffisant de détermination.

De même en ce moment, des êtres forts et
sains, qui n'ont jamais renié le fait moral , qui
s'y sont toujours conformés dans les conjonctures
impérieuses, et non sans une extrême circons-
pection, se laissent abattre sous le coup des
circonstances , se prêtent à flatter la puissance
du fait matériel : ne considérant pas assez qu'elle
est fortuite, qu'elle est funeste, et qu'en lui rendant
hommage, en lui offrant l'appui des lois, on la
légitime, on la consolide.

Certes, le droit est invité à saisir, à fixer le fait
matériel ou moral, afin d'en emprunter de la
force, afin d'en diriger le cours : et seulement
il attend l'instant désiré, où le fait qui le plus
souvent doit sa naissance au hasard, se rencontre
à la fois propice et durable.

Or, deux occasions miraculeuses s'étaient
présentées à l'ancien ministre, après les affaires
d'Espagne, et lors de l'avènement du Roi, pour

fonder sur le fait, pour rallier à l'état existant de l'opinion, un système d'institutions sociales; ce fut le plus grand forfait politique, que de manquer à remplir une telle tâche.

Mais aussi, après que le même ministre, rebutant les faveurs du temps et glaçant le sentiment, divisant les opinions, a jeté les esprits dans une crise de haine et de défiance, les a mis en dépit d'eux-mêmes, à la disposition des factions; ce serait une faute capitale que de consacrer le fait, et de créer une législation en conformité de cet accès passager.

On fait une : voilà le premier tort, le plus grand mal.

Quoi qu'on dise, le vulgaire dont la voix est fortement à compter, dans la majorité nationale, ne se laissera jamais persuader, que cette loi est combinée en vue des élections futures qui n'auront pas lieu avant plusieurs années, que cette loi est convenue dans le dessein d'obvier à des fraudes, à des manœuvres qui ont été déjouées sans son aide et dont le retour est impossible.

Les faits le frappent plus que les mots.

Lors des élections générales, une puissance formidable s'est mise en ligne, a déployé ses rangs, a remporté la victoire.

Dans les dernières élections, les choix ont été

plus prononcés encore, se sont approchés du maximum radical; si bien qu'une crainte secrète circule déja sur les bancs du centre gauche.

« Mais, se dit le vulgaire, il faut que cela soit bon, puisque la loi ne s'y oppose nullement; et même très bon, puisque la loi l'autorise tacitement.

« Ou peut-être la force des choses est tellement indomptable, que la loi trop faible pour résister, a dû prendre le parti de céder, de se rendre. »

Et le vulgaire n'est point de caractère à se révolter en même temps, contre l'influence de la loi, contre l'attrait de l'opinion.

Ainsi par le fait de la loi, au moment où le principe moteur s'éteignait, l'impulsion est entretenue, est ranimée; et l'entraînement machinal opère avec autant de puissance que l'excitation morale; l'opinion lancée dans un sens, se renforce chaque jour, des recrues de l'exemple, puis de l'habitude, enfin de la fausse honte.

Ainsi par l'effet de la loi, qui devait tendre à adoucir la crise ou attendre qu'elle fût adoucie, l'état d'agitation est prolongé et l'action calmante du temps est repoussée.

Car la loi n'est jamais vaine, jamais nulle : quand elle ne sert pas, elle nuit; quand elle ne fait pas le bien, elle fait le mal.

En traitant d'un sujet quelconque, il lui faut prendre garde à ses paroles, trop exposées à être mal prises, il lui faut craindre son silence même, où chacun cherche un sens, prête un sens à son goût.

En l'état des choses, la loi devait faire place nette, et creuser à fond, bâtir en plein : ou là loi ne devait pas être.

« Nous en sommes là ; et nous n'en resterons pas là : attendu qu'il y a dans cette nation métamorphosée pour ainsi dire, une vive tendance au mouvement, une extrême force de ralliement, une obéissance servile au commandement. » (*La nouvelle Chambre*, 17 *décembre* 1827.)

Tel est le fruit amer, tel est le produit net d'un ministère de six années ; telle est la plaie, à laquelle le gouvernement doit et veut appliquer tous ses soins.

Or, où réside, en quoi consiste cette nation ?

Le peuple est froid et calme ; le peuple a donné sa démission : à peine y a-t-il moyen de l'émouvoir avec des diatribes contre le clergé ; du reste, aucune idée politique ne l'affecte, ne l'atteint.

La nation gît dans les collèges : ce n'est que sous leur sphère limitée, circonscrite, que ces caractères menaçans ont pu, ont dû se développer.

« Mais l'esprit de parti s'usera, et l'esprit de conservation doit rester : cet esprit dominera dans les quatre-vingt mille électeurs ; et un gouvernement sage et modérateur, trouvera nécessairement des amis parmi eux. » (*Second exposé des Motifs.*)

Voilà les présages, qui de leur nature même, sont exprimés sous le signe équivoque de l'avenir; tandis que les faits sont empreints du sceau mordant du passé, de ce passé d'hier presque identique, avec l'instant présent.

Faut-il donc méconnaître les faits tout palpitans? faut-il travailler par anticipation, à valoir sur les présages?

Et le moindre risque, la moindre crainte, sont-ils justement balancés, par le *droit de recours suspensif en cas de radiation, seul avantage que donne aux électeurs, la permanence des listes:* qui pouvait leur être donné à part de la loi?

Aussi le ministère n'avait point institué formellement la permanence des listes.

Car il savait qu'un titre constant enorgueillit, et qu'un titre commun rallie; qu'un mot, qu'un nom excitent à s'emparer du droit, à usurper le pouvoir; et qu'à ce moyen, les électeurs de Paris se sont assemblés et organisés, se sont mis à la tête du mouvement révolutionnaire.

Car il sentait que le nouveau mode d'institution des électeurs, en principe, porterait à beaucoup d'esprits, l'idée de la reconnaissance de la souveraineté du peuple; et en pratique, si quelque crise doit s'y prêter, transporterait son exercice, à une sorte d'oligarchie, au détriment de la nation qui en aurait plutôt le droit, de la royauté dont le pouvoir serait anéanti à l'instant.

« La loi du 2 mai consacre de nouveau l'existence du droit déja reconnu de réclamation... Ce n'est pas le projet de loi qui établit le principe, c'est lui qui en règle l'application... Quand le principe est consacré, il faut aussi en régler les conséquences, afin qu'elles n'arrivent pas en désordre. (*Ibid.*) »

Tels ont été les motifs du ministère : et sous le coup de cette préoccupation presque unanime, dont étaient frappés les esprits, au sujet de la conservation de la loi du 2 mai, et de la confection d'une loi additionnelle, ces motifs étaient valides.

Mais qui donc serait assez perfide ou assez niais, pour imputer à crime, pour frapper du blâme, les conceptions du cabinet; lequel à son avènement, ayant trouvé accompli, tout le mal possible, est hors d'état d'en faire lui-même, est fort en peine, pour faire un peu de bien?

Laissons les motifs, et passons aux résultats.

Ici, il faut réunir dans les mêmes considérations, et l'action ouverte légalement aux électeurs, pour réclamer contre les inscriptions opérées ou omises, et l'action indûment envahie par les électeurs et les non-électeurs, à l'effet de faire inscrire ou rayer, même d'aller recruter et amener, même de souffler et imposer les votes, dont l'usage a été si fréquent, si frappant.

Car, bien que ce soit contre son intention, en inventant la première, la loi cimente la seconde; en constituant celle-là, la loi consolide celle-ci : et d'autant que l'action ouverte est mieux réglée, d'autant l'action envahie devient plus régulière. Telle est leur analogie, leur identité même, et quant aux principes qui les dirigent, et quant aux moyens qu'elles emploient, que dans la réalité, leur organisation est nécessairement commune.

D'une part, l'action ouverte pour faire inscrire, sous peine de rester illusoire, d'être privée de résultat, doit s'étendre jusqu'à faire venir, faire voter.

De l'autre, l'action envahie à l'effet d'amener les gens, d'imposer les votes, doit obtenir des succès plus certains, plus importans, au moyen du droit de forcer les inscriptions, les radiations.

Entre elles, il y avait déjà coïncidence éventuelle: il y aura maintenant concordance perpétuelle.

« Il faudrait que la liberté des élections ne fût pas entravée par le ministère; il ne faudrait pas que la volonté des électeurs fût enlevée, entraînée par une influence quelconque.

« Or, la liberté, la volonté, ont été violées, ou d'un bord ou de l'autre : et ce dernier sacrilège, porte encore les effets les plus sinistres, attendu que la totàlité des électeurs offre une volonté à séduire, au lieu qu'un petit nombre seulement est exposé dans sa liberté.

« Quelque jour il conviendra d'y songer, car autrement la plus faible minorité parviendrait à subjuguer la majorité.

« Et comme la brigue qui naturellement devrait répondre à la brigue, ne sera jamais aussi habile, aussi active du côté opposé, il y aura à comprendre enfin, que le gouvernement doit être mis en état de balancer la puissance du contre-gouvernement. » (*Sur la révision des Listes.*)

Cependant la loi ne saisissant qu'une des faces de la question, se borne à protéger la liberté des élections, contre les tentatives administratives, et néglige de préserver la volonté des électeurs, de l'influence des entreprises factieuses.

Mais le gouvernement, la faction, étant seuls à faire corps, étant seuls de force à lutter, par cela même que celui-là est mis hors de cause, est tenu à l'écart, celle-ci reste tout-à-fait libre, devient toute puissante.

La loi sauve les élections, d'un risque qui était éteint à jamais et les livre à un péril qui s'accroît de jour en jour. Elle aspire seulement à ce que la liberté ne soit plus entravée, et réussit seulement à ce que la volonté soit encore plus entraînée.

Le dernier recensement des votes de Paris, sauf pourtant les améliorations dont il est susceptible, donne l'avant-goût des élections futures du royaume.

Sans parler des électeurs royalistes manquant à l'appel, ni des électeurs libéraux et radicaux inscrits en fraude, double conséquence du projet de loi(1); l'opinion successivement et progressivement exaltée, et acquérant plus d'audace, plus d'activité, en raison de ce qu'elle gardera moins de sectateurs, délaissera les favoris de la veille, élèvera sur le pavois des gens nouveaux, de plus en plus nouveaux, toujours nouveaux.

Ainsi qu'il fut pendant la révolution; ainsi qu'il faut pour une révolution.

---

(1) Un certain nombre d'Electeurs se sont préservés du jury en se retirant des élections, attendu qu'il n'y a plus moyen de les inscrire comme autrefois en qualité de notables..... Les gens de paix et de bien, répugneront d'autant à produire leurs titres, ou se refuseront à justifier en cas de réclamation..... Des individus indûment inscrits sur les listes de 1827 y resteront, ou ayant perdu leurs droits électoraux, les exerceront, sauf la chance peu effrayante pour eux de la réclamation des tiers. (*Du Projet amendé.*)

Imprimerie d'A. Pihan Delaforest, rue des Noyers, n.57.